ALFRED DE MUSSET.

CONFÉRENCE

DONNÉE DANS LA

SALLE DE CLIFTON,

POUR LA

OCIÉTÉ GUERNESIAISE,

LE 25 MARS, 1868,

PAR

PAUL STAPFER,

PROFESSEUR AU COLLÉGE ELISABETH.

GUERNESEY:

DE L'IMPRIMERIE DE E. LE LIÈVRE, RUE DU
BORDAGE, ET ARCADE COMMERCIALE.

1868.

ALFRED DE MUSSET.

Malgré les choses aimables que notre Président vient de dire,
je ne me flatte pas, mesdames et messieurs, de vous rien apporter
ce soir d'aussi substantiel et d'aussi fin que sa remarquable
lecture de vendredi dernier. (1)   Je me sens toujours plus
ou moins embarrassé pour dire à mon prochain le bien que je
pense de lui, lorsque je suis hors de la France, car on manque
rarement cette occasion d'accuser dans ma personne la sincérité
de ma nation, et de me dire en face ou de penser tout bas que les
Français sont de vains complimenteurs.   Mais ce serait pousser
un peu loin la crainte de l'opinion que de ne pas oser adresser à
qui le mérite un éloge pesé et mesuré, parce que mes compatriotes
ont la réputation de distribuer à droite et à gauche des louanges
indiscrètes et intempérantes.   Je n'avais pas l'honneur de connaître M. Carré avant que la *Société Guernesiaise* m'eût rendu le
service, dont je la remercie, de me mettre en rapport avec lui. On
m'avait bien dit que M. Carré était un penseur et un écrivain ;
mais, telle est l'incrédulité naturelle du cœur de l'homme ! je ne
le croyais qu'à moitié.   Sa belle étude morale sur les constitutions m'a causé un plaisir assez difficile à définir ; j'ose le comparer, sinon l'égaler, au plaisir qu'éprouverait un gourmet littéraire, qui serait en même temps amateur de philosophie, en
lisant quelques pages inédites de Malebranche, ce doux et profond métaphysicien du dix-septième siècle.   M. Carré doit
l'originalité de ses idées et la distinction de son style aux excel-
lentes qualités de son esprit d'abord, mais aussi (ce paradoxe va
bien vous étonner) au privilége qu'il a de penser et d'écrire, non
à Paris, mais à Guernesey.   Si le séjour de Paris est favorable
au développement de toutes sortes de qualités de l'esprit, il est
funeste, ne vous y trompez pas, à ces deux qualités éminentes

(1) Sur les constitutions en général et sur celle de Guernesey en particulier.—Nous n'avons eu encore que la première partie de ce travail.

que M. Carré possède à un si haut degré : l'originalité des idées
et la distinction du style. Un homme d'esprit et de talent, qui
passe la plus grande partie de l'année à la campagne, me disait
dernièrement : "J'ai besoin d'aller voir de temps à autre ce qu'on
dit à Paris ; mais au bout de quinze jours, j'en ai bien assez ;
tout le monde répète la même chose, et je m'aperçois que je
commence à faire comme tout le monde ; je me sauve à la campagne pour me retrouver moi-même." Il a raison. On a beau
avoir de l'esprit et du talent, on n'échappe que par la fuite à
l'influence de ce tourbillon d'idées banales qui tue la pensée, et
de cette littérature à trois sous qui tue le style. Guernesey
conserve avec une fidélité touchante le dépôt de notre vieille
langue. Ici, un pasteur qui compose un sermon, un législateur
qui veut proposer ou discuter une loi, un philosophe qui médite
une étude sur les constitutions, ne va pas demander des leçons
aux marchandes de Granville et de Saint Malo qui enseignent
gratis le français moderne sur la place du marché ; il se nourrit
des classiques français : de là un style unique, qui n'a pas sous
toutes les plumes guernesiaises l'admirable correction du style
de M. Carré, mais d'où s'exhale toujours un délicieux parfum
d'antiquité.

On se nourrit moins des auteurs modernes, et en cherchant
un sujet de conférence littéraire qui pût me fournir l'occasion de
quelques citations intéressantes et nouvelles pour la plupart
d'entre vous, je me suis rappelé que les poésies d'Alfred de
Musset ne sont guères lues à Guernesey. Ne prenez pas ceci
pour un reproche. Comment pourrions-nous jouir à la fois de
toutes les richesses dont nous sommes entourés ? L'Angleterre
d'un côté, la France de l'autre, sans parler de l'île même de
Guernesey qui a aussi ses chants nationaux et possède encore
son vieux troubadour, (1) ont produit dans ce siècle tant
d'écrivains, tant d'ouvrages remarquables, qu'il est bien difficile à des personnes occupées, je ne dis pas de rester au
courant de tout ce qui parait (cela est impossible), mais de
prendre connaissance peu à peu de tout ce qui demeure.
Nous devons nous résigner à ignorer beaucoup de choses, et
en même temps nous efforcer d'en ignorer le moins pos-

---

(1) M. Métivier.

sible. A Guernesey, on a quelque loisir. Cette heureuse petite île ne souffre ni de la fièvre d'affaires qui consume Londres, ni de la fièvre de plaisirs qui dévore Paris. Tranquillement assis, au coin de son feu en hiver, au bord de la mer en été, on a un peu de temps pour lire. Il est vrai que, pour lire, il y a deux choses plus nécessaires encore que du temps : ce sont des livres et des lecteurs. La littérature anglaise n'est, je crois, ni moins répandue, ni moins connue à St. Pierre-Port que de l'autre côté de la Manche ; ici comme en Angleterre, comme partout, une petite portion de la société s'instruit ; le reste se promène, admirant à la campagne et dans la ville les beautés de la création. Mais la littérature française est positivement moins facile à trouver ici que sur le continent ; je ne parle pas des vieux livres : monuments vénérables d'un temps disparu où l'île entière parlait français, ces vieux livres sont sacrés, les prêtres seuls y touchent ; je parle de la France tout-à-fait moderne, et contemporaine ; sa littérature est si rare à Guernesey, qu'on ne trouve qu'à grand' peine chez les libraires quelques romans de Victor Hugo, et qu'on ne peut nulle part trouver toutes ses œuvres, pas même à *Hauteville House*. La *Société Guernesiaise*, cette intelligente association de généreux amis de Guernesey, qui ont à cœur de ranimer et de prolonger autant que possible l'existence du français dans l'île, non point par un puéril esprit d'opposition à l'inévitable et juste influence de l'Angleterre, mais parce qu'ils comprennent que leur belle terre libre doit son indépendance et sa physionomie originale aux vieilles institutions qu'elle tient de sa voisine la France, tout en étant placée sous le gouvernement de la Reine, la *Société Guernesiaise* a pensé, et le monde est de son avis, que pour parler français il est utile de lire du français. Elle a fondé une bibliothèque et ouvert une salle de lecture. Elle commence donc à avoir des livres ; ce qu'elle demande maintenant, ce sont des lecteurs et des lectrices.

Des trois princes de la poésie française dans ce siècle, Lamartine, Victor Hugo, Alfred de Musset, A. de Musset, le plus jeune, est mort depuis onze ans. Je ne vous parlerai presque pas de sa vie, j'aime mieux vous parler de sa poésie, et surtout vous en lire. Son histoire est triste, on la passerait volontiers sous silence ; c'est une simple et vieille histoire, il ne vaudrait pas la peine d'en dire deux mots, si d'abord le génie même du poëte ne prêtait pas un intérêt supérieur à des passions qui chez tout autre individu n'offriraient qu'un spectacle vulgaire, et puis, s'il n'avait pas pris le public pour son confident à tel point qu'il est impossible de séparer l'auteur de l'homme, et que lire sa poésie c'est lire sa vie.   Voici en peu de mots, sinon cette histoire, du moins la philosophie de cette histoire.—Alfred de Musset est entré dans le monde avec un sourire ironique sur les lèvres, raillant en bel enfant étourdi et heureux ce que les hommes craignent, respectent ou admirent ; raillant l'amour, raillant tout principe et toute doctrine, raillant même la poésie, chose étrange ! et jetant sur la même page, à côté d'une chanson éblouissante de génie, des vers volontairement boiteux et contre-faits.   Mais il était meilleur qu'il ne croyait et qu'il ne voulait l'être, et cette insouciance qu'il affichait, au fond il ne l'éprou-vait pas.   Le défi qu'il lançait à l'amour, à la vérité, à l'idéal, était plein de je ne sais quel effroi.   Il pressentait déjà, il sentit un jour l'étreinte impitoyable de ces puissances éternelles, et son pauvre cœur fut brisé.   Il connut l'amour, c'est dire qu'il connut la souffrance ; il connut les tourments de l'infini, et il leva vers le ciel des mains désespérées ; il connut les tourments de l'idéal, et il prit l'art tellement au sérieux, qu'il s'est donné lui-même, donné tout entier et tout seul dans ses vers, et que, dans un morceau célèbre que je vous lirai tout à l'heure, il a poussé l'exaltation jusqu'à se représenter la poésie la plus haute sous l'image d'un sacrifice, le sacrifice sublime du pélican, cet oiseau-pêcheur que la fable nous montre nourrissant ses petits de sa chair et de son sang, lorsqu'il n'a rien rapporté des mers. Incapable de concevoir et peut-être aussi d'inspirer une affection pure, unique et constante, incapable de fixer son esprit, de reposer son âme dans une croyance religieuse ou philosophique, enfin ne sachant pas ou ne voulant pas se faire une idée simple, large, saine, de la poésie et de la vie, il goûta la lie amère des passions, il goûta l'amertume plus noble du beau et du vrai toujours poursuivis, jamais atteints, il chercha dans l'abus d'une liqueur dont l'usage seul est dangereux l'oubli de tous ses maux, et il mourut à la fleur de l'âge comme Byron.

Il y a donc deux hommes et deux poëtes très-différents l'un

de l'autre, mais non pas opposés, dans Alfred de Musset. Le premier est ironique et moqueur, mais on sent de la tristesse sous son ironie ; le second souffre et pleure ouvertement, mais il n'a pas perdu la faculté de sourire, et les nuages amoncelés sur son âme ne sont pas si épais, qu'un rayon de l'ancien soleil ne les traverse çà et là. Le premier a un éclat, une verve, une jeunesse, je dirais presque une virilité, qui ne sont pas les qualités dominantes du second. Mais, à tout prendre, les vers du nouveau Musset sont les plus beaux, les plus beaux par la perfection de la forme, les plus beaux par la profondeur du sentiment. N'allez pas y chercher le moindre souffle héroïque ; gardez-vous de respirer cette poésie à pleine poitrine, comme on respire celle de Milton ou de Corneille. Alfred de Musset n'habite pas les sommets. Il s'élève souvent et il nous élève avec lui jusqu'à cette hauteur où l'imagination s'écrie, où l'intelligence admire, rarement jusqu'à celle où l'âme se recueille et devient meilleure. Il a de magnifiques élans, il n'a pas l'habitude tranquille et naturelle des régions sereines. Grand, il l'a été parfois ; mais ses trésors inépuisables sont la grâce, un esprit fin et délicat, un cœur plus que tendre, un mélange exquis de choses féminines. Je ne sais plus quel malin critique, reprochant à ce poëte charmant, qui était aussi un charmant jeune homme, d'avoir un peu trop imité l'auteur de *Childe Harold*, l'a nommé avec beaucoup de méchanceté, mais non sans bonheur, *mademoiselle Byron*. (1)

Trois fragments bien choisis suffiront pour vous faire mesurer les progrès de la pensée et du talent d'Alfred de Musset.

L'auteur des *chansons* et des *contes* avait écrit, contre l'amour, des blasphèmes que je ne vous lirai point. Il s'écriait que si jamais cette folie entrait dans son cœur, il l'en arracherait

> Ainsi que d'une plaie on arrache une lame !

L'auteur des *Poésies Nouvelles* s'exprime ainsi :

> O Muse ! que m'importe ou la mort ou la vie ?
> J'aime, et je veux pâlir ; j'aime, et je veux souffrir ;
> J'aime, et pour un baiser je donne mon génie ;
> J'aime, et je veux sentir sur ma joue amaigrie
> Ruisseler une source impossible à tarir.

....

(1) M. Jouvin a dit plus heureusement encore dans un récent article : "Dans la famille des lyriques de ce siècle, Victor Hugo est l'homme, Lamartine la femme, et Musset le jouvenceau."—*Figaro* du 25 Mars.

Dépouille devant tous l'orgueil qui te dévore,
Cœur gonflé d'amertume et qui t'es cru fermé.
Aime, et tu renaîtras ; fais-toi fleur, pour éclore ;
Après avoir souffert, il faut souffrir encore ;
Il faut aimer sans cesse, après avoir aimé.

La Nuit d'Août.

L'insouciant enfant des premières poésies prêchait l'indifférence religieuse sur un ton plus que léger, qui m'interdit aussi de vous lire ses vers, quelque spirituels qu'ils soient. Mais écoutez le grave poëte de *L'Espoir en Dieu :*

Tant que mon faible cœur, encor plein de jeunesse,
A ses illusions n'aura pas dit adieu,
Je voudrais m'en tenir à l'antique sagesse
Qui du sobre Epicure a fait un demi-dieu.
Je voudrais vivre, aimer, m'accoutumer aux hommes,
Chercher un peu de joie et n'y pas trop compter,
Faire ce qu'on a fait, être ce que nous sommes,
Et regarder le ciel sans m'en inquiéter.

Je ne puis ;—malgré moi l'infini me tourmente.
Je n'y saurais songer sans crainte et sans espoir ;
Et quoi qu'on en ait dit, ma raison s'épouvante
De ne pas le comprendre, et pourtant de le voir.

. . . .

Quand Horace, Lucrèce, et le vieil Epicure,
Assis à mes côtés, m'appelleraient heureux,
Et quand ces grands amants de l'antique nature
Me chanteraient la joie et le mépris des dieux,
Je leur dirais à tous : " Quoi que nous puissions faire,
Je souffre, il est trop tard ; le monde s'est fait vieux.
Une immense espérance a traversé la terre :
Malgré nous vers le ciel il faut lever les yeux !"

L'Espoir en Dieu.

Enfin, l'auteur des premières poésies, s'adressant à ses frères, leur disait, avec une amère ironie à la vérité :

Ah ! qui que vous soyez, vous qu'un fatal génie
Pousse à ce malheureux métier de poésie,
Rejetez loin de vous, chassez-moi hardiment
Toute sincérité, gardez que l'on ne voie
Tomber de votre cœur quelques gouttes de sang.

Tel n'est pas le langage du grand poëte de *La Nuit de Mai :*

. . . .
Rien ne nous rend si grands qu'une grande douleur.
Mais, pour en être atteint, ne crois pas, ô poëte,
Que ta voix ici-bas doive rester muette.
Les plus désespérés sont les chants les plus beaux,
Et j'en sais d'immortels qui sont de purs sanglots.
Lorsque le pélican, lassé d'un long voyage,
Dans les brouillards du soir retourne à ses roseaux,
Ses petits, affamés, courent sur le rivage
En le voyant au loin s'abattre sur les eaux.

Déjà, croyant saisir et partager leur proie,
Ils courent à leur père avec des cris de joie,
En secouant leurs becs sur leurs goîtres hideux.
Lui, gagnant à pas lents une roche élevée,
De son aile pendante abritant sa couvée,
Pêcheur mélancolique, il regarde les cieux.
Le sang coule à longs flots de sa poitrine ouverte ;
En vain il a des mers fouillé la profondeur ;
L'océan était vide et la plage déserte ;
Pour toute nourriture il apporte son cœur.
Sombre et silencieux, étendu sur la pierre,
Partageant à ses fils ses entrailles de père,
Dans son amour sublime il berce sa douleur,
Et, regardant couler sa sanglante mamelle,
Sur son festin de mort il s'affaisse et chancelle,
Ivre de volupté, de tendresse et d'horreur.
Mais parfois, au milieu du divin sacrifice,
Fatigué de mourir dans un trop long supplice,
Il craint que ses enfants ne le laissent vivant ;
Alors il se soulève, ouvre son aile au vent,
Et se frappant le cœur avec un cri sauvage,
Il pousse dans la nuit un si funèbre adieu,
Que les oiseaux des mers désertent le rivage,
Et que le voyageur attardé sur la plage,
Sentant passer la mort, se recommande à Dieu.
Poëte, c'est ainsi que font les grands poëtes.
Ils laissent s'égayer ceux qui vivent un temps ;
Mais les festins humains qu'ils servent à leurs fêtes
Ressemblent la plupart à ceux des pélicans.
Quand ils parlent ainsi d'espérances trompées,
De tristesse et d'oubli, d'amour et de malheur,
Ce n'est pas un concert à dilater le cœur.
Leurs déclamations sont comme des épées ;
Elles tracent dans l'air un cercle éblouissant ;
Mais il y pend toujours quelque goutte de sang.

La Nuit de Mai.

Ce n'est qu'après la mort d'Alfred de Musset que tout le monde a su qu'il y avait en lui un second poëte plus grand que le premier ; ce n'est qu'après sa mort que justice a été rendue à son génie. On lui a rendu même un peu plus que justice, comme il arrive toujours à la mort des hommes dont la renommée n'égalait pas le mérite. Mais la justice n'est pas moins détruite par le plus petit excès que par la plus légère insuffisance ; être un peu plus que juste, ou ne l'être pas tout-à-fait assez, ce n'est point être juste. Aujourd'hui, après onze années d'engouement, après le torrent d'articles et l'étourdissante succession de conférences dont ce poëte à la mode n'a pas cessé d'être le sujet, la justice vraie, c'est-à-dire à la fois complète et mesurée, est devenue possible ; car nous pensons, nous vivons d'un tel train, et tout va si vite, si vite, qu'il n'y a presque pas de témérité à dire que la postérité a commencé pour Musset, et que notre jugement sur ce contemporain à peine disparu peut déjà être à peu près conforme à l'arrêt définitif de nos arrière-neveux. De son vivant, bien que son nom fût célèbre, ses vrais titres à la gloire n'étaient ni bien compris ni très connus ; le succès et le scandale des poésies de son adolescence avaient été si éclatants, que celles de son âge mûr ou, pour mieux dire, de sa seconde jeunesse, paraissant une à une, sans bruit, à de longs intervalles, n'effacèrent pas cette première impression. Il resta pour la génération qui avait admiré en fronçant le sourcil les insolents débuts de sa muse, un leste et piquant écrivain, rien de plus. C'est à nous jeunes gens qui avons lu en même temps ses nouveaux et ses premiers vers, c'est à nous qu'il appartenait de voir où était la poésie, c'est à nous qu'il appartenait de dire qu'Alfred de Musset était un maître, et nous l'avons dit, et nous l'avons affirmé avec cette exagération de foi et de zèle qui fait notre faiblesse et notre force. Mais nous n'avons commencé cette belle œuvre qu'après sa mort. On parlait peu de lui durant les dernières années de sa vie ; sa paresse était devenue complète ; il ne publiait rien ; il ne faisait plus de vers, pas même pour Ninette ou pour Ninon. Quand il mourut, sa mort fut à peine remarquée. Je me souviens du jour de ses funérailles, comme si c'était hier. J'étais alors au collége. Ce jour-là, j'avais des vers latins à remettre à mon professeur de rhétorique ; mais les vers latins n'étaient point faits : j'avais passé la soirée de la veille, avec un de mes camarades, à relire d'autres vers. Un premier pas hors du sentier de la vertu en entraîne beaucoup d'autres ; au lieu d'aller au collége, nous prîmes, mon camarade et moi, le chemin de la maison mortuaire du poëte. Là, nous attendîmes, devant la porte, que le cortége sortît, pour le suivre. Il n'y avait pas plus de monde dans la rue que pour un enterrement ordinaire. On passait, quelques uns s'informaient du mort, tous poursuivaient leur route ; ou si deux ou trois restaient mêlés au groupe de domestiques et de commères babillant sur le trottoir de la maison d'en face, leurs visages ne montraient que cette curiosité vulgaire qui retient tout badaud de Paris devant une porte cochère tendue de drap noir, pour le singulier plaisir d'en voir sortir un cercueil. Le cercueil sortit. Deux femmes dont l'affliction profonde me frappa, et qu'on me dit être les sœurs du poëte, son frère Paul de Musset, un petit nombre, un très-petit nombre d'hommes de lettres, et parmi eux une députation nommée d'office par l'Académie française, composaient le cortége. Il tombait un peu de pluie, mais ce n'était qu'un brouillard, on sentait du soleil derrière les nuages; la famille seulement et les membres de l'Académie montèrent dans des voitures de deuil, le reste suivit à pied. Les passants ôtaient leur chapeau, comme c'est l'usage à Paris; mais pas un ne paraissait savoir que la dépouille mortelle qu'il saluait était celle d'un des plus beaux génies de la France. A l'église, aucune oraison funèbre ne fut prononcée; personne d'ailleurs ne dut le regretter, car un prêtre chanta d'une voix si belle et si pure le *Requiem* de Mozart qu'aucune parole humaine n'aurait pu atteindre la hauteur et la profondeur de cette musique céleste. Au cimetière, un discours très-bien écrit, très-académique et très-froid fut lu sur la tombe, et tout fut dit.—L'après-midi, nous étions au collége. Notre professeur, homme d'esprit, eut le bon goût de ne pas réclamer nos vers latins. Il nous demanda seulement si nous avions connu Alfred de Musset, puisque nous étions allés à son enterrement : je trouvai sa logique en défaut et sa question de trop.

Parmi les hommes plus âgés que Musset, qui n'ont guère eu pour lui que cette froide et sévère estime qu'on accorde à un beau talent fourvoyé, il en est deux dont l'importance personnelle rend l'opinion intéressante. Ces deux hommes, ce sont ses maîtres; c'est Victor Hugo et Lamartine. J'ai hâte de vous dire que Victor Hugo, notre illustre et redoutable voisin, ajoutant aujourd'hui à la magnanimité que donne la gloire, celle qu'apportent les années et celle que la retraite inspire, se montre plein d'une clémence toute paternelle pour le jeune téméraire qui a eu—le croirez-vous?—la puérile audace de se moquer de lui ! Alfred de Musset, avec plus de fierté que de prudence et sans le moindre souci de faire école, prétendait seulement n'être le disciple de personne, et le dire bien haut à tout le monde. Il n'y avait pas de danger qu'on le prît pour un disciple de Boileau, mais on pouvait le prendre pour un disciple de Victor Hugo, auquel il devait beaucoup, et c'est de ce côté qu'il voulut afficher son indépendance. Trop intelligent pour ne pas comprendre que l'avenir appartenait à la nouvelle armée littéraire dont ce grand homme était le chef, trop fin aussi pour ne pas voir que ses soldats, dans leur ivresse, combattaient, détruisaient à tort et à travers autant de vérités que d'erreurs, autant de divinités que d'idoles, enfin trop paresseux et trop insouciant pour saisir un drapeau et diriger lui-même la victoire, il s'assit en lieu sûr, à son aise, et regarda fort tranquillement la bataille, raillant les excès des vainqueurs et buvant à la santé des vaincus. Il y avait non-seulement dans les exagérations des disciples, mais aussi dans le génie systématique et révolutionnaire du maître, plusieurs choses qui répugnaient à tous les instincts de Musset. Tantôt son impatience éclate contre les rimes de Victor Hugo, ces rimes quelque peu tapageuses, dont la richesse doit s'appeler du luxe, mais ne pourrait pas toujours s'appeler de l'aisance; tantôt il parodie sa versification brisée, qui ressemble au souffle puissant d'un géant, mais qu'il serait moins vrai de comparer à la respiration naturelle d'un homme, au doux murmure d'une source, ou au chant d'un oiseau. (1) Quoi qu'il en soit, il avait tort : pareilles irrévérences ne sont point permises; s'il s'était borné à signaler à la risée publique les maladresses et l'emphase de l'école, Victor Hugo ne lui aurait dû que ses remercîments.—Quant à Lamartine, il est probable que son grave esprit avait été choqué soit de la légèreté et de l'insigni-fiance de quelques productions du jeune écrivain, soit plutôt du succès impertinent que de pareilles bagatelles pouvaient avoir, et que cette première impression fâcheuse résista à tous les témoi-gnages de respect que le jeune homme ne cessa jamais de rendre à ce maître universellement vénéré. Le fait est qu'Alfred de Musset, auteur déjà de plusieurs œuvres admirables, adressa au grand poëte une épître en vers presque aussi belle que celle que celui-ci avait jadis adressée lui-même à Byron. Byron avait à peine regardé les vers du jeune correspondant français qui se permettait de lui écrire, et de lui dire dans la langue des dieux qu'il était un *démon :* Lamartine regarda à peine les vers de Musset. Il les mit dans son tiroir, n'y pensa plus et n'y répon-dit jamais. On n'oublie pas au fond de son tiroir des vers

(1) Je chantais, mes amis, comme l'homme respire,
Comme l'oiseau gémit, comme le vent soupire,
Comme l'eau murmure en coulant.

Lamartine.

signés du nom du Musset, même quand on s'appelle Lamartine, surtout quand on s'appelle Lamartine. Musset fut attristé de voir *Lamartine vieilli le traiter en enfant.* Il mourut. Le poëte découvrit son erreur, et demanda noblement pardon au public; mais il était trop tard pour serrer la main du frère qu'il avait méconnu.

J'ai dit, mesdames, que je ne vous donnerais pas de détails sur la vie d'Alfred de Musset. Mais, en écoutant quelques citations de la *Lettre à Lamartine,* et d'un autre poëme, que je regarde comme son chef d'œuvre, vous apprendrez tout ce qu'il importe de connaître dans sa mélancolique histoire.

(Analyse et citations de *La Nuit d'Octobre* et de la *Lettre à Lamartine.)*

....

O toi qui sais aimer ! réponds, amant d'Elvire,
Comprends-tu que l'on parte et qu'on se dise adieu ?
Comprends-tu que ce mot, la main puisse l'écrire,
Et le cœur le signer, et les lèvres le dire,
Les lèvres, qu'un baiser vient d'unir devant Dieu !

....

Lettre à Lamartine.

....

Les morts dorment en paix dans le sein de la terre ;
Ainsi doivent dormir nos sentiments éteints.
Ces reliques du cœur ont aussi leur poussière ;
Sur leurs restes sacrés ne portons pas les mains.
Pourquoi, dans ce récit d'une vive souffrance,
Ne veux-tu voir qu'un rêve et qu'un amour trompé ?
Est-ce donc sans motif qu'agit la Providence,
Et crois-tu donc distrait le Dieu qui t'a frappé ?
Le coup dont tu te plains t'a préservé peut être,
Enfant ; car c'est par là que ton cœur s'est ouvert.
L'homme est un apprenti, la douleur est son maître,
Et nul ne se connaît, tant qu'il n'a pas souffert.
C'est une dure loi, mais une loi suprême,
Vieille comme le monde et la fatalité,
Qu'il nous faut du malheur recevoir le baptême,
Et qu'à ce triste prix tout doit être acheté.
Les moissons, pour mûrir, ont besoin de rosée ;
Pour vivre et pour sentir, l'homme a besoin des pleurs.
La joie a pour symbole une plante brisée,
Humide encor de pluie et couverte de fleurs.

....

La Nuit d'Octobre.

Alfred de Musset a deux rares qualités, dont l'une le fera chérir aussi longtemps qu'on aimera la poésie, dont l'autre lui assure des lecteurs et des admirateurs aussi longtemps que la langue française en aura, si jamais elle périt comme langage et cesse d'être parlée ; j'espère, messieurs et mesdames, que cette supposition vous indigne, et que, si la langue française doit périr dans la suite des siècles, vous l'empêcherez au moins de périr à Guernesey vers l'an 1868, d'une mort en tout cas très-prématurée.

L'une de ces deux qualités précieuses d'Alfred de Musset, c'est la sincérité de son inspiration. J'entends par là qu'il n'a jamais exprimé dans ses vers autre chose que ce qu'il pensait, croyait et sentait. Toujours vrai, toujours lui même, il mérite cette louange exquise dont Pascal honorait justement Montaigne : " Quand on lit Montaigne pour la première fois, on est tout étonné et ravi ; on s'attendait à voir un auteur, et l'on trouve un homme." La sincérité a le prix d'une chose aussi rare qu'elle est charmante et noble, et dans les termes où nous l'avons définie, quand elle consiste à ne dire que ce qu'on sent et à le dire comme on le sent, rien au monde n'est plus digne de notre estime. Pourtant, prenez garde. Si la sincérité dans la vie est une vertu qu'il est impossible de louer trop, il y a un danger, un danger plus grave que vous ne le soupçonnez, à louer avec exaltation la sincérité en poésie.

Il y a d'abord une erreur. Aucune vérité n'est exempte d'erreur, aucune vérité n'a cette mesure, cette finesse qui défie les objections parce qu'elle les prévoit et les prévient, tant qu'elle n'a pas fait leur juste part aux autres vérités qu'on peut lui opposer. S'il est vrai que la sincérité est une chose bonne en elle-même, il n'est pas moins vrai que l'art est une imitation de la nature, imitation très-supérieure au modèle sans doute, mais enfin, imitation ; que la poésie, en particulier, est une représentation idéale du monde dans sa variété, de l'homme dans sa diversité, et qu'à ce titre, le poëte doit avoir à produire beaucoup d'idées qui ne sont pas ses opinions, beaucoup de passions qui ne sont pas celles dont il souffre, beaucoup de caractères qui ne sont pas son propre portrait, et beaucoup d'événements qui ne sont pas l'histoire de sa vie. L'auteur d'un roman ou d'un drame a pour premier mérite non point la sincérité, mais, au contraire, le talent de prendre tous les masques, de disparaître derrière tous ses personnages, de s'oublier lui-même et de s'effacer à tel point que son œuvre nous fasse l'illusion d'un petit monde réel, et que nous ne puissions nous rappeler qu'avec effort et presque à regret le sublime trompeur qui a fait tout cela, et dont l'art merveilleux sait nous faire prendre pour des réalités les mensonges divins de son génie.—Alfred de Musset a écrit des nouvelles et des comédies : charmantes comme tout ce qui est sorti de sa plume, aucune de ses comédies, aucune de ses nouvelles n'a le mérite supérieur des élégies que je vous ai lues. Pourquoi ? parce que le poëte, trop sincère, n'a pas su se dépouiller de lui-même, de ses sentiments, de ses idées, pour s'assimiler le monde et le peindre. Il n'a peint avec un génie véritable qu'un homme, et cet homme c'est lui. Pour peindre cet homme-là, il a pris le pinceau des maîtres ; il en a fait plus qu'un portrait, il en a fait un type, et il lui a donné par cet agrandissement droit de cité dans la poésie de toutes les nations et de tous les âges. L'homme qu'Alfred de Musset a peint supérieurement et dont il a trouvé le modèle en lui-même, c'est l'homme du monde sceptique et blasé, qui joint à une intelligence trop fine un cœur ardent et une conscience droite, et qui ayant cherché dans les plaisir de la vie un bonheur qu'ils ne lui ont point donné, consentirait peut-être à faire à la religion le sacrifice de ces plaisirs, mais trouve plus difficile et plus impossible de lui sacrifier sa raison. Ce caractère, fruit de la société parisienne, savante sous sa frivolité et mélancolique au fond de ses joies, méritait à coup sûr une place dans les représentations de l'art. Mais il y a d'autres caractères, même au dix-neuvième siècle, que des sceptiques blasés et pourtant généreux, et Alfred de Musset n'a pas su ou n'a pas voulu les étudier.—La sincérité, cette délicatesse d'un auteur qui n'exprime que ce qu'il sent et ce qu'il croit, doit prendre un autre nom dans la poésie dramatique et s'appeler *impuissance*.

Dans la poésie lyrique, au contraire, où s'exhale ce qu'il y a de plus profond, de plus intime, de plus personnel dans l'âme d'un homme, la sincérité est une puissance, et c'est par elle qu'Alfred de Musset est un grand poëte lyrique. Mais il faut, comme de toutes les puissances, en user, non pas en abuser. L'abus, l'estime excessive et exclusive de la sincérité, cache un grave péril.—Sous prétexte que le poëte lyrique trouve en lui-même le sujet de ses chants, et que des poëmes aussi beaux que tout ce qu'on peut citer de plus beau en poésie, ont eu pour occasion un incident fugitif de la vie d'un homme, et pour inspiration une émotion passagère de son âme, nous avons vu en France, à Paris, une école de jeunes poëtes ou plutôt une bande de jeunes fous, qui se réclamaient de l'exemple et des doctrines d'Alfred de Musset, railler le travail et le savoir comme inutiles, célébrer l'ignorance et la paresse, s'amollir dans une oisiveté inféconde et mortelle, et nous avons vu des hommes sages encourager cette folie par leurs théories efféminées ! Sous prétexte que le poëte doit sentir ce qu'il exprime, et que pour sentir beaucoup il faut vivre beaucoup, nous avons vu ces pauvres jeunes gens user leur vie avec une conviction désespérante, moins peut-être—les insensés !—pour en savourer les plaisirs, que pour trouver au fond de la coupe vidée d'un trait ce *je ne sais quoi d'amer* dont parle le grand poëte Lucrèce, moment tragique et solennel qui devait, croyaient-ils, être l'éveil de leur génie ; et nous avons vu des critiques et des philosophes, non pas des critiques enfants ni des philosophes improvisés, mais des savants et des penseurs profonds, enseigner que ces choses sont inévitables, que les poëtes ont une destinée et une loi morale autres que celles du commun des hommes, et que nous devons accepter leurs vices si nous voulons avoir leurs chefs d'œuvre ! Messieurs, les hommes tels que lord Byron et Alfred de Musset, dont la jeunesse a eu l'incroyable fortune de résister à des tempêtes de passions faites pour briser leur génie, et qui ne devaient briser que leur vie, et non seulement de résister à ces tempêtes, mais de grandir au milieu de la tourmente, ces hommes-là sont des exceptions. C'est une dérision de les proposer comme modèles aux poëtes. Ceux-ci préféreront voguer sur des eaux plus pures et plus tranquilles, avec Goëthe, Schiller, Lamartine, Victor Hugo, Tennyson ; non pas sur des eaux exemptes d'orages, car on n'entreprend pas de voyage un peu long sans s'exposer à rencontrer la foudre ; mais ils ne choisiront pas l'endroit et le moment où la mer est la plus fangeuse et la plus irritée, pour chercher au fond de ses abîmes la perle de la poésie, et mourir en la rapportant sur les flots.

Les cinq grands lyriques que je viens de nommer (et j'aurais pu en nommer bien d'autres), n'ont jamais cru que leur caractère de poëtes leur ouvrît une destinée et leur permît une morale différentes des loix qui régissent le reste de l'humanité. Ils ont rempli leurs devoirs d'hommes et leurs devoirs de citoyens. Ils ont vécu, ils ont aimé, ils ont souffert, ils sont tombés peut-être ; mais leurs souffrances, leurs passions, leurs chûtes, n'ont rien eu d'exceptionnel. Ils ont travaillé, ils ont pris de la peine ; et j'ajoute qu'Alfred de Musset aussi a travaillé ; car on n'écrit pas comme il écrit, sans avoir au moins étudié la langue et la littérature de sa nation, et il faut être ignorant et sot comme ces petits vagabonds de l'art qui pullullent à toutes les époques autour des grands poëtes et s'efforcent en s'enflant de vanité de se faire aussi grands qu'eux, pour s'imaginer que le génie puisse dispenser du travail. Enfin, ni Goëthe, ni Schiller, ni Lamartine, ni Victor Hugo, ni Tennyson, ni leurs comtemporains, ni leurs prédécesseurs, n'ont pensé que les loix de la poésie lyrique leur défendissent de sortir du cercle plus ou moins étroit de leur propre expérience et de leurs propres personnes. Ils ont regardé autour d'eux, et ils ont chanté autre chose qu'eux-mêmes. Ils ont ajouté à la connaissance et au spectacle de leur cœur le spectacle de la nature et la connaissance de l'histoire. L'un a raconté dans une suite d'odes sublimes l'épopée de Napoléon ; un autre a célébré la gloire de Dieu avec une effusion d'amour et une splendeur d'images où revivaient David et Isaïe ; un autre a rajeuni son style et sa pensée par une imitation libre et intelligente des brillants modèles de la Grèce : tous ont eu plus d'une corde à leur lyre.

Il faut un singulier bonheur pour ne pas ennuyer le public quand on lui parle presque uniquement de soi. Alfred de Musset a eu ce bonheur, il a fait ce miracle. Non-seulement nous ne l'avons jamais trouvé monotone, mais nous l'avons tous aimé, tous dis-je, sans exception, romantiques et classiques, chrétiens et libres penseurs, jeunes cœurs et vieilles têtes, ceux qui ont encore de l'enthousiasme et ceux qui n'ont plus que de la raison, tous nous l'avons aimé, et nous avons aimé surtout les vers où il nous parlait de lui. Il a été l'enfant gâté d'une génération trop indulgente, qui, reconnaissant en lui ses faiblesses, adorait en lui son image. Mais si la France a eu tort de l'aimer plus que d'autres fils, ses aînés et ses maîtres, elle n'a pas eu tort de l'aimer beaucoup ; car cet enfant gâté est un poëte : en faisant le tableau de son cœur et la confession de sa vie, il a peint cet exemplaire éternel de l'homme, il a raconté ce roman éternel de l'amour, de la souffrance, du doute et de la mélancolie, qui seront vrais dans mille ans comme aujourd'hui. Quels accents sympathiques ! que ces vers sont humains ! comme tout part du cœur et comme tout va au cœur ! Tant d'éloquence, c'est le cri de la nature ; ce n'est point l'art et sa savante magie. L'artiste s'évanouit : l'homme reste. Ce qui est le prodige de l'art le plus consommé, la sincérité l'opère sans effort. Aucun poëte de notre temps n'est sincère comme Alfred de Musset ; j'ajoute, et je ne crois pas me tromper : aucun poëte en aucun temps n'a été plus sincère que lui.

(Lecture du morceau qu'on pourrait appeler l'*Art Poétique de Musset*. Il a pour titre *Après une Lecture*.)

....

Celui qui ne sait pas, quand la brise étouffée
Soupire au fond des bois son tendre et long chagrin,
Sortir seul, au hasard, chantant quelque refrain,
Plus fou qu'Ophélia de romarin coiffée,
Plus étourdi qu'un page amoureux d'une fée,
Sur son chapeau cassé jouant du tambourin ;

Celui qui ne voit pas, dans l'aurore empourprée,
Flotter, les bras ouverts, une ombre idolâtrée ;
Celui qui ne sent pas, quand tout est endormi,
Quelque chose qui l'aime errer autour de lui ;
Celui qui n'entend pas une voix éplorée
Murmurer dans la source, et l'appeler ami ;

Celui qui n'a pas l'âme à tout jamais aimante,
Qui n'a pas pour tout bien, pour unique bonheur,
De venir lentement poser son front rêveur
Sur un front jeune et frais, à la tresse odorante,
Et de sentir ainsi d'une tête charmante
La vie et la beauté descendre dans son cœur ;

Celui qui ne sait pas, durant les nuits brûlantes
Qui font pâlir d'amour l'étoile de Vénus,
Se lever en sursaut, sans raison, les pieds nus,
Marcher, prier, pleurer des larmes ruisselantes ;
Et devant l'infini joindre des mains tremblantes,
Le cœur plein de pitié pour des maux inconnus :

Que celui-là rature et barbouille à son aise ;
Il peut, tant qu'il voudra, rimer à tour de bras,
Ravauder l'oripeau qu'on appelle antithèse,
Et s'en aller ainsi jusqu'au Père-Lachaise,
Traînant à ses talons tous les sots d'ici-bas,
Grand homme, si l'on veut ; mais poëte, non pas.

....

L'autre qualité excellente d'Alfred de Musset, c'est le caractère franchement français de son esprit et de son style. Qu'est-ce que le style et l'esprit français ? Essayer de les définir, c'est de ma part une présomption qui peut vous faire sourire. Car vous vous dites avec raison que vous feriez cela mieux que moi. De même qu'un Français a quelque chance de connaître mieux que vous les traits distinctifs de votre nation, vous connaissez mieux que mes compatriotes et beaucoup mieux que moi les qualités et les défauts de la nôtre. J'essaierai pourtant. Mes fautes, vous les verrez et vous les corrigerez. Je vous prie seulement de vous rappeler qu'il y a dans notre littérature des écrivains du premier ordre qui ne sont pas pour nous des types purement français. Et j'ose vous prier aussi de ne pas trop reprocher à ma critique une indulgence qui a pour cause non une partialité naturelle, mais des raisons plus sérieuses et plus philosophiques. Cette indulgence, je l'aurais encore si j'essayais de définir l'esprit anglais ou l'esprit allemand. Il serait extrêmement puéril d'entreprendre une pareille analyse sur le ton du blâme et dans un sentiment d'hostilité, puisque l'esprit des nations n'est pas moins l'œuvre de Dieu que les mers ou les montagnes qui les séparent, et qu'un Anglais, un Allemand, un Français, un Russe, ne peut pas plus changer sa nature que le léopard sa peau. Nous ne sommes plus, ou, hélas ! nous ne devrions plus appartenir, aux temps où les étrangers étaient des ennemis. Chaque peuple est un membre de la famille humaine, et la diversité de tous les peuples, de leurs coutumes, de leurs langages, de leurs caractères, de leurs esprits, compose l'harmonie de la Société.

Un premier trait de l'esprit français (je commence par le moins important), c'est une certaine vivacité impatiente qui rend insupportables à nos intelligences trop promptes ou à nos nerfs trop irritables les longueurs, les redites, les développements inutiles. "Combien cet ouvrage serait meilleur, si l'on en retranchait les deux tiers !" telle est la forme la plus fréquente de nos jugements littéraires. Nous avons une peur extraordinaire de l'ennui.

Cette aversion pour tout ce qui nous semble de trop ne tient pas seulement à notre impatience naturelle : nous sommes aussi doués d'un amour passionné pour la perfection. *Parfait* se dit d'une chose où l'esprit ne peut concevoir ni retranchement, ni addition, ni changement quelconque. Il y a d'autres qualités dans l'art que la perfection : la grandeur, par exemple, frappe, étonne, trouble l'esprit plus qu'elle ne le satisfait, et les œuvres les plus sublimes sont très-rarement les plus parfaites. Vous savez cela depuis longtemps, et nous avons fini par l'apprendre aussi ; je crois qu'à l'heure qu'il est, grâce à la lumière répandue par la grande critique, grâce d'abord à la révolution littéraire accomplie par Victor Hugo avec l'aide de sa nombreuse armée et de son petit état-major, les Français, après un long aveuglement, comprennent enfin et admirent en poésie la hardiesse, la prodigalité, l'excès, le sublime et ses chûtes nécessaires, aussi bien que les peuples voisins. Mais le petit nombre de ceux qui ont eu le bonheur d'élargir leur goût d'un côté sans le rétrécir de l'autre, ceux qui mesurent les progrès et l'étendue de leur intelligence au nombre non de leurs dédains, mais de leurs admirations littéraires, ceux qui savent tresser la couronne d'Eschyle, de Michel Ange, de Beethoven, sans porter la main sur les lauriers de Sophocle, de Raphaël et de Mozart, ceux-là, s'ils sont restés français, gardent dans un coin secret de leur cœur le culte enthousiaste de cette chose divine qu'on appelle la perfection. Ceux-là seuls connaissent les ravissements, incompréhensibles non-seulement aux étrangers, mais à la masse de leurs compatriotes, qu'offre à qui sait les goûter la lecture d'une lettre de Pascal, d'une fable de Lafontaine, d'un discours de Racine, d'une page de Voltaire, d'un récit historique d'Augustin Thierry, d'une nouvelle de Mérimée.

Notre amour pour la beauté de la forme n'est pas accompagné, quoi qu'on en dise, d'indifférence quant au fond des choses. Mais ici, je l'avoue, l'apparence nous condamne, et si l'accusation manque de vérité, elle a une si forte vraisemblance que vous avez presque raison de nous la faire, et que nous avons certainement tort d'y donner prise.—Le Français aime et recherche la profondeur, la nouveauté, l'élévation, la force et le sérieux des idées non moins que l'Anglais ou l'Allemand. Mais il joint à ce goût commun à tous les peuples qui pensent, deux faiblesses qui lui sont particulières : le désir de plaire, et la crainte du ridicule. Le désir de plaire impose à sa gravité naturelle un sourire qui ne le quitte jamais longtemps, mais qui ne réside qu'à la surface, et qu'on a tort de prendre pour l'indice d'une âme frivole et légère. Nous n'aimons pas la figure de la gravité, c'est vrai, mais parce que nous en détestons la singerie ; cette haine est si outrée qu'elle va jusqu'à nous faire composer nos visages pour éviter la plus lointaine ressemblance avec un masque odieux. Nous couvrons de fleurs les idées sérieuses, nous couvrons d'un voile nos émotions, c'est encore vrai ; pourtant, ce que nous ornons, ce que nous cachons ainsi, c'est moins la vérité et la passion que la foule insipide et terne des idées banales et des sentiments médiocres ; qu'une grande vérité nous apparaisse, qu'une grande émotion nous saisisse, vous qui avez lu les *Pensées* de Pascal, vous savez si la gravité française peut parler un langage austère et pathétique.—La crainte du ridicule, il faut en convenir, ôte souvent à nos manières toute originalité, et il en serait de même de nos écrits, si cette faiblesse (car c'en est une) n'avait pas un contrepoids salutaire chez tous nos bons écrivains dans un immense dégoût pour tout ce qui est commun et vulgaire. L'horreur de la vulgarité, en corrigeant la crainte du ridicule, n'a pas seulement pour effet d'empêcher un mal ; elle produit les meilleurs résultats. C'est elle qui crée ces qualités si souvent et si justement vantées dans les plus purs modèles de notre littérature, ce bon goût, cette distinction, cette simplicité élégante, qui, en fuyant l'excentricité, cherche dans une conformité parfaite avec la nature les caractères de l'originalité véritable. Avec l'horreur de la vulgarité nous avons celle de la pédanterie et surtout de la déclamation, cette forme ambitieuse et archiplébéienne de la vulgarité. Sans contredit sérieux nous aimons la science, et quant à l'éloquence, l'Europe, avec bonne grâce, nous en accorde le prix. Mais l'étalage vain d'une science de singe ou de perroquet, les gestes et les cris d'une éloquence de carrefour, nous inspirent la même répugnance excessive que le masque de la gravité, et cette répugnance a les mêmes effets : plutôt que d'être pris par les sots pour un cuistre d'école, plutôt que de passer aux yeux de quelques sceptiques pour un tribun ou pour un prophète monté sur le toit de sa maison, maint écrivain français se jette dans une affectation contraire et veut paraître moins savant, moins profond ou plus froid qu'il ne l'est en réalité.—L'opinion des sots et des demi-sages ! de la majorité aveugle et de la minorité borgne ! l'opinion du public ! voilà le fantôme qui se dresse devant nous aussitôt que nous prenons la

*

plume, et dans ce public dont l'image nous obsède, mais aussi nous console et nous soutient, nous oublions rarement qu'il y a des femmes, qu'elles ont le droit de comprendre, et qu'il est doux de leur plaire. Racine écrivait ses tragédies pour les dames de la cour, les spirituelles contemporaines de madame de Lafayette, et nous ne pouvons goûter tant de finesse et de noblesse, qu'à la condition de nous dépouiller de notre grossièreté bourgeoise et de notre violence démocratique. Molière, plus grand que Racine, lisait ses comédies à sa servante, parce que l'esprit des servantes change moins que celui des grandes dames et représente plus fidèlement l'humanité. Alfred de Musset a fait ses poésies (c'est lui qui le déclare) pour la belle lectrice dont le doigt coquet chiffonne et déchire sur la mousse les pages d'un roman d'amour.

Il y a des poëtes plus grands que ce brillant favori de la jeunesse. D'autres, parmi ses compatriotes et ses contemporains, ont une imagination plus riche et plus active, un souffle plus étendu et plus continu, plus viril ou plus pur, une plus grande variété de sujets et de styles. Mais aucun n'est français comme lui. Aucun ne possède comme lui cet ensemble de qualités nationales, qui ne sont point, il est vrai, les plus poétiques ni par conséquent les plus admirables, et que la raison nous défend d'aimer le plus, mais pour lesquelles nous avons un faible secret plus fort que la raison et que les raisonnements. Aucun poëte de nos jours ne possède comme Musset le bon goût, le tact et l'esprit, l'art d'être éloquent sans enfler la voix, grave sans rider son front et vieillir son visage, profond sans le dire à l'oreille du lecteur, philosophe sans avoir l'air de le savoir et sans en perdre un éclat de rire. Aucun poëte de nos jours ne possède comme Musset l'usage aisé, naturel, et plein d'heureux caprices, d'un instrument toujours harmonieux, le talent de changer de ton à propos et de s'arrêter à temps, la connaissance du public, le respect de la langue, l'horreur du remplissage et du galimatias, l'amour de la justesse, de la mesure, de l'élégance et de la raison. (1) Ecoutez ces vers où l'écrivain, au milieu du

(1) Béranger est bien français aussi, et Béranger est un poëte. Il est assez inférieur à ses trois grands contemporains pour qu'on puisse parler d'eux, sans qu'il soit nécessaire de faire mention de lui. Mais il faut prendre garde de le rabaisser trop, et c'est une erreur très-commune

récit d'un voyage à Bade, nous introduit dans la maison de jeu, et voyez de quel air il passe du plaisant au sévère, comme il change de ton tout à coup, et avec quelle prestesse il sait rappeler en une seconde le sourire effacé sur ses lèvres :

....

Apprenez donc, lecteur, que je viens d'Allemagne.
Vous savez, en été, comme on s'ennuie ici ;
En outre, pour mon compte, ayant quelque souci,
Je m'en fus prendre à Bade un semblant de campagne.
(Bade est un parc anglais fait sur une montagne,
Ayant quelque rapport avec Montmorency.)

Vers le mois de juillet, quiconque a de l'usage
Et porte du respect au boulevard de Gand
Sait que le vrai bon ton ordonne absolument
A tout être créé possédant équipage
De se précipiter sur ce petit village,
Et de s'y bousculer impitoyablement.

....

Bien entendu, d'ailleurs, que le but du voyage
Est de prendre les eaux ; c'est un compte réglé.
D'eaux, je n'en ai point vu lorsque j'y suis allé ;
Mais qu'on n'en puisse voir, je n'en mets rien en gage.
Je crois même, en honneur, que l'eau du voisinage
A, quand on l'examine, un petit goût salé.

Or, comme on a dansé tout l'hiver, on est lasse.
On accourt donc à Bade avec l'intention
De n'y pas soupçonner l'ombre d'un violon.
Mais, dès qu'il y fait nuit, que voulez-vous qu'on fasse ?
Personne au Vieux Château, personne à la Terrasse ;
On entre à la maison de Conversation.

....

J'ignore vers quel temps Belzébuth l'a construite.
Peut-être est-ce un mammouth du règne minéral.
Je la prendrais plutôt pour quelque aérolithe,
Tombée un jour de pluie, au temps du carnaval.
Quoi qu'il en soit du moins, les flancs de l'animal
Sont construits tout à point pour l'âme qui l'habite.

aujourd'hui parmi la jeunesse. La chanson des *Fous,* pour ne citer que celle-là, est une œuvre absolument du premier ordre par la grandeur de la pensée et la beauté de l'exécution.

Cette âme, c'est le jeu : mettez bas le chapeau,
Vous qui venez ici, mettez bas l'espérance.
Derrière ces piliers, dans cette salle immense,
S'étale un tapis vert, sur lequel se balance
Un grand lustre blafard au bout d'un oripeau
Que dispute à la nuit une pourpre en lambeau.

. . . .

L'abreuvoir est public, et qui veut vient y boire.
J'ai vu les paysans, fils de la Forêt Noire,
Leurs bâtons à la main, entrer dans ce réduit ;
Je les ai vus penchés sur la bille d'ivoire,
Ayant à travers champs couru toute la nuit,
Fuyards désespérés de quelque honnête lit ;

Je les ai vus debout, sous la lampe enfumée,
Avec leur veste rouge et leurs souliers boueux,
Tournant leurs grands chapeaux entre leurs doigts calleux,
Poser sous les râteaux la sueur d'une année,
Et là, muets d'horreur devant la Destinée,
Suivre des yeux leur pain qui courait devant eux !

Dirai-je qu'ils perdaient ? Hélas ! ce n'était guères.
C'était bien vite fait de leur vider les mains.
Ils regardaient alors toutes ces étrangères,
Cet or, ces voluptés, ces belles passagères,
Tout ce monde enchanté de la saison des bains,
Qui s'en va sans poser le pied sur les chemins.

Ils couraient, ils partaient, tout ivres de lumière,
Et la nuit sur leurs yeux posait son noir bandeau.
Ces mains vides, ces mains qui labourent la terre,
Il fallait les étendre, en rentrant au hameau,
Pour trouver à tâtons les murs de la chaumière,
L'aïeule au coin du feu, les enfants au berceau !

O toi, Père immortel, dont le Fils s'est fait homme,
Si jamais ton jour vient, Dieu juste, ô Dieu vengeur ! . . .
J'oublie à tout moment que je suis gentilhomme.
Revenons à mon fait : tout chemin mène à Rome.
Ces pauvres paysans (pardonne-moi, lecteur),
Ces pauvres paysans, je les ai sur le cœur.

. . . .

Une Bonne Fortune.

Je ne vous ferai plus qu'une citation. Ce n'est rien, ce sont
des vers d'amour ; sujet vieux comme le cœur humain et usé
comme lui ; mais qu'importe ? Serait-il moins vrai parce qu'il
est éternel, ou moins poétique parce qu'il a inspiré les poëtes de

tous les temps ? Ecoutez cette bagatelle qui est un chef d'œuvre,
et dites si vous connaissez une musique plus suave, un sentiment
plus exquis, une langue plus parfaite :

A NINON.

Si je vous le disais, pourtant, que je vous aime,
Qui sait, brune aux yeux bleus, ce que vous en diriez ?
L'amour, vous le savez, cause une peine extrême ;
C'est un mal sans pitié, que vous plaignez vous-même ;
Peut-être cependant que vous m'en puniriez.

Si je vous le disais, que six mois de silence
Cachent de longs tourments et des vœux insensés,
Ninon, vous êtes fine, et votre insouciance
Se plaît, comme une fée, à deviner d'avance ;
Vous me répondriez peut-être : Je le sais.

Si je vous le disais, qu'une douce folie
A fait de moi votre ombre et m'attache à vos pas,
Un petit air de doute et de mélancolie,
Vous le savez, Ninon, vous rend bien plus jolie ;
Peut-être diriez-vous que vous n'y croyez pas.

Si je vous le disais, que j'emporte dans l'âme
Jusques aux moindres mots de nos propos du soir,
Un regard offensé, vous le savez, madame,
Change deux yeux d'azur en deux éclairs de flamme ;
Vous me défendriez peut-être de vous voir.

Si je vous le disais, que chaque nuit je veille,
Que chaque jour je pleure et je prie à genoux,
Ninon, quand vous riez, vous savez qu'une abeille
Prendrait pour une fleur votre bouche vermeille ;
Si je vous le disais, peut-être en ririez-vous.

Mais vous n'en saurez rien.—Je viens, sans en rien dire,
M'asseoir sous votre lampe et causer avec vous ;
Votre voix, je l'entends ; votre air, je le respire ;
Et vous pouvez douter, deviner et sourire,
Vos yeux ne verront pas de quoi m'être moins doux.

Je récolte en secret des fleurs mystérieuses ;
Le soir, derrière vous, j'écoute au piano
Chanter sur le clavier vos mains harmonieuses,
Et, dans les tourbillons de nos valses joyeuses,
Je vous sens, dans mes bras, plier comme un roseau.

La nuit, quand de si loin le monde nous sépare,
Quand je rentre chez moi pour tirer mes verrous,

De mille souvenirs, en jaloux, je m'empare.
Et là, seul devant Dieu, plein d'une joie avare,
J'ouvre comme un trésor mon cœur tout plein de vous.

J'aime, et je sais répondre avec indifférence ;
J'aime, et rien ne le dit ; j'aime. et seul je le sais :
Et mon secret m'est cher. et chère ma souffrance,
Et j'ai fait le serment d'aimer sans espérance.
Mais non pas sans bonheur ;—je vous vois, c'est assez.

Non, je n'étais pas né pour ce bonheur suprême
De mourir dans vos bras et de vivre à vos pieds.
Tout me le prouve, hélas ! jusqu'à ma douleur même . . .
Si je vous le disais, pourtant, que je vous aime,
Qui sait, brune aux yeux bleus, ce que vous en diriez ? (1)

On répète souvent que la poésie est morte ou du moins mourante. Cette illusion s'explique très-naturellement par l'impuissance absolue où nous sommes de deviner quel sera le sujet et quelle sera la forme du premier ouvrage original que la poésie produira. Si nous pouvions concevoir d'avance les créations de l'art, nous aurions du génie, et nous pourrions aussi les exécuter. Il nous semble qu'on a tout dit, parce que nous n'avons rien à dire. Pour moi, quand je contemple le magnifique développe-

(1) Je ne puis résister au plaisir de citer ici un admirable sonnet d'un poëte inconnu du public, Félix Arvert. Le sujet est le même que celui des stances à Ninon ; mais le sentiment est plus pur, plus sérieux, plus profond, et la forme n'est pas moins parfaite :

Mon âme a son secret, ma vie a son mystère :
Un amour éternel en un moment conçu.
Le mal est sans espoir ; aussi j'ai dû le taire.
Et celle qui l'a fait n'en a jamais rien su.

Ainsi, j'aurai passé près d'elle inaperçu,
Sans cesse à ses côtés et pourtant solitaire,
Et j'aurai jusqu'au bout fait mon temps sur la terre,
N'osant rien demander et n'ayant rien reçu.

Pour elle, quoique Dieu l'ait faite douce et tendre,
Elle ira son chemin, distraite, sans entendre
Le murmure d'amour élevé sous ses pas ;

A l'austère devoir pieusement fidèle,
Elle dira, lisant ces vers tout remplis d'elle :
" Quelle est donc cette femme ?" et ne comprendra pas.

ment de la poésie au dix-neuvième siècle, et dans le même siècle, le développement parallèle et non moins magnifique d'une puissance formidable qui devait, disait-on, tuer la poésie, je veux parler de la critique, ce spectacle me rassure sur son immortalité.

Non-seulement la poésie n'est pas morte, mais les poëtes ne sont pas tous morts. Tennyson n'est pas mort, quoi qu'en puissent penser les étrangers et même les habitants de l'île de Wight, pour lesquels il reste, dit-on, invisible comme un dieu et inaccessible comme un prince. Que fait-il au fond de son palais de fleurs? On n'en sait rien, mais il est probable qu'il ne s'y livre ni à une paresse orientale, ni à d'innombrables travaux. Il est sans doute occupé à ciseler lentement un de ces poëmes antiques et philosophiques qui échappent à l'intelligence de la foule, mais où un petit nombre d'initiés découvrent, sous la délicatesse exquise de la forme, une telle profondeur et une telle portée que Shakespeare seul en Angleterre leur paraît décidément plus grand que Tennyson.—C'est avec tristesse que je prononce ici le nom de Lamartine. Il n'est pas mort, il est vrai; mais il se survit à lui-même; son génie est éteint; la fin sans gloire d'une existence trop longue jette sur les chants de sa jeunesse une ombre presque pareille à la nuit de l'oubli, et les enfants de nos colléges, qui savent Alfred de Musset par cœur, regardent avec respect, sans les ouvrir, comme les œuvres d'un classique d'un autre âge, ces volumes bien reliés qui dorment aujourd'hui dans la bibliothèque vitrée entre Racine et Fénelon, mais où leurs parents ont laissé tomber, quand ils avaient vingt ans, des larmes d'admiration et d'amour! La mort réparera cette injustice; on relira ces belles harmonies poétiques et religieuses, et dans l'enthousiasme reconnaissant que cette découverte causera à une génération fatiguée, dégoûtée d'une poésie qui demande ses inspirations au scepticisme quand elle ne les demande pas à la débauche, on voudra placer toutes les couronnes sur le noble front de Lamartine, jusqu'à ce que la postérité prononce sur lui son jugement souverain, et dise que si la France a eu des poëtes plus puissants, elle n'en a pas eu de plus pur.—Plus heureux que Lamartine, Victor Hugo travaille encore et n'a pas fini son œuvre. Aussi je n'ai garde de hasarder sur lui rien qui ressemble à un jugement. Il est trop près de nous, et vous conviendrez qu'ici surtout il est terrible-

ment près.   Mais quoi de plus naturel, à la fin d'une conférenc
donnée à Guernesey sur un poëte de notre temps, que de salue
celui qui est la plus grande gloire de la poésie contemporaine, e
qui est venu chercher à Guernesey une retraite pour ses travau
littéraires, en même temps qu'un abri contre les orages de l
politique?   J'ai dit qu'il n'a pas fini son œuvre, et j'espère qu
longtemps encore on pourra dire qu'il ne l'a pas finie.   Mais
s'il m'est permis d'exprimer un second vœu, je voudrais qu'i
poursuivît ici l'achèvement de l'un de ses ouvrages.   En 1859
deux ans après la mort d'Alfred de Musset, Victor Hugo livrai
au monde le commencement d'un livre extraordinaire, où, quit
tant les sentiers battus par ses contemporains et par lui-mêm
de la poésie confidentielle et intime, il déployait un style s
large, une pensée si haute et si impersonnelle, que je me sui
demandé plus d'une fois en le lisant si l'auteur de ces petite
épopées ne s'est pas trompé sur sa vocation, et s'il n'était pas n
pour donner un poëme épique à la France. (1) Dans cette île dis
crète et solitaire que les agitations du monde ne troublent pas
je voudrais voir ce grand poëte mettre son âme complétement e
harmonie avec la paix qui l'environne, n'accabler ses ennemi
littéraires et ses ennemis politiques que de son indifférence, et
les regards fixés, en arrière sur l'histoire, en avant sur la posté
rité, autour de lui sur la nature, sans autre souci que l'idéa
terminer *La Légende des Siècles.*

(1) "On a beaucoup plaint la France de manquer de poëme épiqu
En effet, la Grèce a *l'Iliade* et *l'Odyssée;* l'Italie antique, *l'Enéide*
l'Italie moderne, *la Divine Comédie,* le *Roland Furieux,* la *Jérusale*
délivrée; l'Espagne le *Romancero* et *l'Araucana;* le Portugal, *les Lu*
siades; l'Angleterre, *le Paradis Perdu.* A tout cela, nous ne pouvion
opposer que *la Henriade,* un assez maigre régal puisque les poëmes d
cycle carlovingien sont écrits dans une langue que seuls les érudits enten
dent. Mais maintenant, si nous n'avons pas encore le poëme épiqu
régulier en douze ou vingt-quatre chants, Victor Hugo nous en a donné l
monnaie dans *la Légende des Siècles,* monnaie frappée à l'effigie de toute
les époques et de toutes les civilisations, sur des médailles d'or du plu
pur titre."
Rapport sur le Progrès des Lettres par MM. Sylvestre de Sacy, Pau
Féval, Théophile Gautier et Ed. Thierry.—Publication faite sous le
auspices du Ministère de l'Instruction Publique MDCCCLXVIII.

www.ingramcontent.com/pod-product-compliance
Lightning Source LLC
Chambersburg PA
CBHW051751050726
47598CB00003B/1433